Oraciones Católicas Preferidas

Catholic™ CLASSICS

Editado por el
Rev. Victor Hoagland, C.P.

Traducción al Español por
Michael M. Brescia, Ph.D.

Ilustrado por
William Luberoff

Regina Press
New York

Índice

Oración del Ángel de la Guarda

Ángel de Dios,
que eres mi custodio,
pues la bondad divina
me ha encomendado a ti
ilumíname, dirígeme,
guárdame.
Amén.

Oración a San José

Oh San José, cuyo amparo es tan grande, tan fuerte, tan puntual ante el trono de Dios, pongo en tus manos todos mis deseos. Oh San José, ayúdame por tu intercesión poderosa, y obten de Jesús todas las bendiciones espirituales para mi, para que ofrezca la acción de gracias y homenaje al Padre más cariñoso, Oh San José, bajo tu poder celestial. Nunca me canso de contemplarte a tí y a Jesús en tus brazos; tengo miedo de acercarme mientras que Él reposa en tu corazón. Imprime mi nombre y besa su mano dulce para mi y pídele de volverme el beso cuando respire mi último aliento, Amén. Oh San José, escúchame y obten mis súplicas. Oh San José, ruega por mí.

Esta oración fue encontrada en el quincuagésimo año de Nuestro Señor y Salvador, Jesucristo. En 1505, fue enviada por el papa al emperador Carlos antes de una batalla.

Quienquiera que leyerá esta oración, oirla o mantenerla nunca morirá de repente o se ahogará, tampoco será envenenado o caerá en las manos del enemigo, o será quemado o vencido en batalla.

Se reza por nueve mañanas para cualquier cosa que necesites. Nunca te fallará.

Acto de Consagración al Sagrado Corazón

Jesús misericordioso, me consagro
hoy y siempre a tu
Sacratísimo Corazón.

Sacratísimo Corazón de Jesús
te suplico que te ame
más y más cada día.

Sacratísimo Corazón de Jesús,
¡Confío en tí!

Sacratísimo Corazón de Jesús,
¡ten piedad de nosotros!

Sacratísimo Corazón de Jesús
creo en el amor que tienes
por mi.

Jesús, manso y humilde de
corazón, haz mi corazón como
el tuyo.

ΜΡ
ΘΥ
ΙС ХС

Oración de Nuestra Señora del Perpetuo Socorro

Oh Madre del Perpetuo Socorro,
con confianza total, me presento a ti.

Te suplico tu ayuda en los
problemas de mi vida.

A veces las aflicciones y tristezas
me deprimen; las privaciones
dolorosas llegan a mi vida;
a veces me encuentro la cruz.

Ten piedad de mí, Madre compasiva.

Cumples mis necesidades, líbrame
de mis sufrimientos o, si sea la
voluntad de Dios que sufriera
más tiempo, concédeme
que me aguante todo con amor y
paciencia.

Madre de Perpetuo Socorro, te pido
eso por tu amor y poder.

Oración de San Judas

(Es rezada en casos de desesperación)

San Judas, Apóstol glorioso, siervo fiel y amigo de Jesús, la Iglesia verdadera te invoca universalmente como el patrón de los casos dificíles sin esperanza; ruega por mí quién es tan miserable; ruega por mí, que por fin recibe los consuelos y auxilio del Cielo en todas mis necesidades, sufrimientos y aflicciones, particularmente *(aquí haz tu petición)*, y que bendiga a Dios con la comunión de santos por la eternidad. Amén.

San Judas el Apóstol, mártir y pariente de nuestro Señor Jesucristo, de María y de José, intercede por nosotros.

Día festivo: 28 de octubre

Oración de la Familia

Dios nos hizo una familia.
Nos necesitamos.
Nos amamos.
Nos perdonamos.
Trabajamos juntos.
Nos divertimos.
Rezamos juntos.
Usamos la palabra de Dios juntos.
Crecimos en Cristo juntos.
Amamos al prójimo juntos.
Servimos a nuestro Dios juntos.
Esperamos el cielo juntos.
Estos son nuestras esperanzas
e ideales.
Ayúdanos a lograrlo,
Oh Dios, por Jesucristo
nuestro Señor.

Oración a Nuestra Señora de Lourdes

Oh Virgen Inmaculada, madre de misericordia, salud de los enfermos, refugio de los pecadores, consuelo de las afligidos, tú conoces mis necesidades, mis desgracias, mis sufrimientos; mirános con piedad.

Con tu aparición en la Gruta de Lourdes a Santa Bernadette, te dio gusto hacer un santuario, en el cual concedes tus favores, y muchos han obtenido la cura de sus enfermedades, ambas espiritual y corporal. Vengo a ti, entonces, con la confianza total para pedir tu intercesión maternal.

Obten por mi, Oh Madre cariñosa, lo que pido *(aquí haz tu petición)*. Por la gratitud de tus favores, yo procuro imitar tus virtudes para que un día pueda compartir tu gloria.

Nuestro Señora de Lourdes, Madre de Cristo, tuviste influencia con tu Hijo divino mientras que estuvo en la tierra. Ahora tienes la misma influencia en el cielo.

Ruega por mí; obten por mí de tu Hijo divino mi petición especial y sea tu voluntad divina.
Amén.

Día festivo: 11 de febrero

Oración a Nuestra Señora de Fátima

Santísima Virgen, quien apareció en Fátima a los tres pastorcitos para revelar el tesoro de gracia escondido en la oración del Rosario. Inspira en nuestros corazones un amor sincero para que, meditando en los misterios de la Redención, cultivemos los frutos y obtengamos la conversión de los pecadores, y también *(aquí nombra los otros favores que quieres)*, que te pedimos en esta oración para la gloria de Dios, tu propio honor y la bondad de las almas. Amén.

Nuestra Señora del Rosario de Fátima, ruega por nosotros.

Oración de Nuestra Señora de Chestojova

(Es rezada cada día al despertar)

Madre santa de Chestojova, eres llena de gracia, bondad y misericordia. Te consagro todos mis pensamientos, palabras y obras; especialmente mi alma y cuerpo. Pido tus bendiciones y oraciones para mi salvación. Hoy me dedico a ti totalmente, Madre buenísima, con mi cuerpo y alma, entre la alegría y sufrimiento, para obtener para mí y para otros tus bendiciones en esta tierra y la vida eterna en el cielo. Amén.

Oración a Nuestra Señora del Monte Carmelo

Flor bellísima del Monte Carmelo, vid abundante, esplendor del cielo, Madre del Hijo de Dios y Virgen Inmaculada, ayúdame en la hora de mi necesidad. Estrella del Mar, ayúdame y enséñame que eres mi Madre.

Santísima Virgen, Madre de Dios, reina del cielo y de la tierra, te pido humildemente en lo profundo de mi corazón, ayudarme en la hora de mi necesidad. No hay nadie que puede resistir tu poder.

Enséñame que eres mi Madre. María concebida sin mancha, ruega por nosotros los pecadores. *(tres veces)*

Querida Madre, en tus manos pongo esta petición. *(tres veces)*

Día festivo: 16 de julio

Oración a Nuestra Señora de Guadalupe

Señora nuestra de Guadalupe, rosa mística, intercede por la Iglesia, protége al santo Padre, ayuda a todos los que te invocan en sus necesidades. Puesto que tú eres la Virgen María y Madre del Dios verdadero, obten para nosotros de tu santísimo Hijo la gracia de mantener nuestra fe, la dulce esperanza en medio de las amarguras de la vida, la caridad ardiente y el don precioso de la perseverancia final.

Día festivo: 12 de diciembre

Oración a Santa Teresa

Florecita de Jesús, Santa Teresa, por favor coge una rosa del jardín celestial, y mándamela con el mensaje del amor.

Te suplico obtener para mi los favores que busco *(aquí se dice la petición)*.

Recomienda mi petición a María, reina del cielo, para que ella interceda contigo ante su Hijo Jesucristo.

Si es concedido este favor, te amaré muchísimo y también estaré preparado a experimentar la felicidad eterna contigo en el cielo.

Santa Teresa de la Florecita, ruega por mí.

Día festivo: 1 de octubre

Oración de San Miguel Arcángel

San Miguel Arcángel, defiéndenos en la lucha; ampáranos contra la maldad y acechanzas del demonio; y tú, Príncipe de la milicia celestial, por el poder de Dios, lanza al infierno a todos los espíritus malignos que andan por el mundo para la perdición de las almas. Amén.

Día festivo: 29 de septiembre

Oración de San Francisco de Asís

Señor, hazme instrumento de tu paz.
Donde hay odio, que yo siembre amor; donde hay injuria, perdón;
donde hay discordia, unión;
donde hay duda, fe;
donde hay error, verdad;
donde hay desaliento, esperanza;
donde hay tristeza, alegría;
donde hay sombras, luz.

Oh divino Maestro, concédeme que no busque ser consolado, sino consolar; ser comprendido, sino comprender; ser amado, sino amar.

Porque es dando que recibimos; perdonando que tú nos perdonas; y muriendo en ti que nacemos a la vida eterna.

Día festivo: 4 de octubre

Oración a San Antonio

San Antonio, el más dulce de todos los santos, tu amor a Dios y tu caridad hacia sus criaturas te hicieron digno aún en la tierra de poseer poderes milagrosos.

Los milagros se hacían a tu palabra prestas siempre a ayudar a los afligidos o llenos de ansiedad.

Animado por este pensamiento yo te imploro que me concedas mi petición *(aquí mencione su intención).*

Quizás la respuesta a mi oración necesite un milagro; pero de todos modos, eres el Santo de los milagros. Oh dulce y amadísimo San Antonio, cuyo corazón está lleno de misericordia, susurra mi petición al oido del niño Jesús, quién gustó de estar en tus brazos, y la gratitud de mi corazón será tuya por siempre.

Día festivo: 17 de enero

¡Jesús, Confío en tí!

Oración de la Misericordia Divina

(Para ser rezada en las cuentas del Rosario)

Padre Nuestro...Ave María...El Credo de los Apóstoles.

Luego, en las cuentas del Padre Nuestro, se reza lo siguiente:

Padre eterno, te ofrezco el Cuerpo y Sangre, Alma y Divinidad de tu Hijo amadísimo, nuestro Señor Jesucristo, para expiar nuestros pecados y los del mundo entero.

En las cuentas de Ave María, se reza lo siguiente:

Por la causa de su Pasión dolorosa, ten piedad de nosotros y del mundo entero.

Al terminar, se reza tres veces lo siguiente:

Dios santo, poderoso e inmortal, ten piedad de nosotros y del mundo entero.

(Tomado de Diary of the Servant of God Sr. Faustina – Note Book I, p. 197)

IMPRIMATUR: † Joseph F. Maguire
17 de noviembre de 1979 Obispo de Springfield, Mass.

Novena de la Confianza Infantil

(Esta novena se reza cada hora por nueve horas consecutivos – en sólo un día)

Oh Jesús, quién dijo, "Pidan y se les dará; busquen y hallarán, llamen a la puerta y les abrirán," por la intercesión de María, tu Madre santísima, toco, busco y pido que mi súplica sea concedida. *(Haz tu petición.)*

Oh Jesús, quién dijo, "Todo lo que pides del Padre en mi nombre, Él te lo concederá," por la intercesión de María, tu Madre santísima, pido humildemente y urgentemente del Padre en tu nombre que sea concedida mi petición. *(Haz tu petición.)*

Oh Jesús, quién dijo, "El cielo y la tierra pasarán, pero mi palabra no pasará," por la intercesión de María, tu Madre santísima, estoy lleno de confianza que mi petición sea concedida. *(Haz tu petición.)*

INRI

Oración a Jesús crucificado

Mírame, mi amado y buen Jesús, postrado en tu presencia. Te ruego con el mayor fervor imprimas en mí vivos sentimientos de fe, esperanza y caridad; verdadero dolor de mis pecados, propósito firmísimo de jamás ofenderte;

mientras yo, con todo el amor y compasión de que soy capaz, contemplo tus cinco llagas, viendo lo que decía por ti el profeta David:

"Han taladrado mis manos y mis pies y se pueden contar todos mis huesos." Amén.

Salmo 23

El Señor es mi pastor:
nada me falta; en verdes pastos él
me hace reposar.
A las aguas de descanso me
conduce, y reconforta mi alma.
Por el camino del bueno me
dirige, por amor de su nombre.
Aunque pase por quebradas
oscuras, no temo ningún mal,
porque tú estás conmigo
con tu vara y tu bastón,
y al verlas voy sin miedo.
La mesa has preparado para mí
frente a mis adversarios,
con aceites perfumas mi cabeza
y rellenas mi copa.
Irán conmigo la dicha y tu favor
mientras dure mi vida,
mi mansión será la casa del Señor
por largos, largos días.

El Padre Nuestro

Padre nuestro,
que estás en el cielo,
santificado sea tu Nombre;
venga a nosotros tu reino;
hágase tu voluntad
en la tierra
como en el cielo.

Danos hoy nuestro pan
de cada día;
perdona nuestras ofensas,
como también nosotros
perdonamos
a los que nos ofenden;
no nos dejes caer en la tentación,
y líbranos de todo mal. Amén.

Llegar al hogar seguro

Estoy en casa celestial, mis queridos;
¡Oh tan feliz y tan brillante!
Esto es alegría y belleza perfecta
en esta luz eterna.
Todo el dolor y pena ya pasaron,
con inquietud también;
ahora estoy en paz para siempre,
por fin en mi hogar celestial.
¿Has pensado cómo camino yo
tranquilamente por el valle de la sombra?
Oh cómo el amor de Jesús iluminó el claro
obscuro y horrible.
Y él vino por sí mismo para conocerme en
el camino tan difícil;
Y con el brazo de Jesús para soportarme,
¿tendría yo una duda o temor?
Pues no debes lamentar tanto porque te
amo muchísimo; tratas de ver más allá de las
sombras de la tierra,rezas para confiar en la
voluntad de Dios.
Hay trabajo todavía esperándote,
Pues no te tardes;
Hazlo ahorita mientras que la vida te espere,
descansarás en la casa de Jesús.
Cuando este tarbajo ya termine,
te llamará a su casa;
¡Oh la éxtasis de la reunión,
Oh la alegría de verte venir!

Santa Dimfna

Señor Jesucristo, tú has querido que Santa Dimfna fuere invocada por los miles de tus creyentes como la patrona de la enfermedad mental y nerviosa. Has estimulado que su interés en los enfermos sea una inspiración a – y un ideal de – la caridad en su santuario y por todo el mundo. Concede que, por las súplicas de esta mártir joven de pureza, aquellos que sufren de la enfermedad mental y nerviosa sean consolados y auxiliados. Te recomendo en particular *(aquí haz tu petición).*

Sea contento de escuchar las súplicas de Santa Dimfna y las de tu Madre Santísima. Da a los enfermos y afligidos el consuelo que necesitan y también la cura que ellos desean, si sea tu voluntad. Oh Dios, por medio de Santa Dimfna, concede alivio a aquellos quien sufren de las aflicciones mentales y nerviosas. Por Cristo nuestro Señor. Amén.

Día festivo: 15 de mayo

Oración para la maternidad

Oh glorioso San Gerardo, intercesor poderoso ante Dios, y obrero dedicado de hoy, llamo en ti y busco tu ayuda. Tú quien siempre cumplías la voluntad de Dios aquí en la tierra, ayúdame hacer la voluntad de Dios. Intercede con el Dador de la vida, desde quien procede toda paternidad y maternidad, que conciba y crie hijos que le darán gusto a Dios en esta vida, y también sean herederos al reino de cielo. Amén.

Berran

Oración a San Peregrino

Dios, quien dio a San Peregrino un ángel para ser su compañero, la Madre de Dios para ser su maestra y Jesús para ser su médico; concédenos que nosotros aquí en la tierra amemos intensamente a la Santísima Virgen María y a nuestro Salvador, y en el cielo los bendigamos. Concede que recibamos el favor solicitado te lo pedimos por Jesucristo nuestro Señor.

Amén.

Se reza un Padre Nuestro, el Ave María y el Gloria al Padre acompañado por: San Peregrino, ruega por nosotros.

San Peregrino es reconocido como el patrón de las víctimas de cáncer después de ser curado de un cáncer maligno en su pierna.

Día festivo: 2 de mayo

Acto de Consagración a Nuestra Señora de la Medalla Milagrosa

Oh Virgen Madre de Dios, María inmaculada, nos dedicamos y consagramos a tí bajo la manifestación de Nuestra Señora de la Medalla Milagrosa en Maria.

Que esta medalla sea una señal segura de tu cariño por nosotros y también un recuerdo constante de nuestros deberes a tí.

Siempre que la llevamos, que nos sea bendito por tu amparo cariñoso y también consérvanos en la gracia de tu Hijo.

Oh Virgen poderosísima, Madre del Salvador, mantennos cerca de tí cada momento de la vida.

Obten para nosotros, tus hijos, la gracia de una muerte buena, para que, en unión contigo, disfrutemos la felicidad del cielo para siempre. Amén.

Oh María, concebida sin mancha, ruega por nosotros. *(Tres veces).*

El Memorare

Acuérdate, Oh piadosísima
Virgen María,
que jamás se ha oído decir
que uno solo de cuantos
han acudido a tu protección e
implorado tu socorro,
haya sido desamparado.

Yo, pecador, animado con tal
confianza acudo a tí, Oh Madre,
virgen de las vírgenes,
a ti vengo, delante de ti me
presento gimiendo.

No quieras, oh Madre de Dios,
despreciar mis palabras; antes
bien, óyelas benignamente y
cúmplelas. Amén.

Día festivo: 1 de mayo

El Ave María

Dios te salve María,
llena eres de gracia;
el Señor es contigo;

bendita tú eres entre todas las mujeres,
y bendito es el fruto
de tu vientre, Jesús.

Santa María, Madre de Dios,
ruega por nosotros pecadores,
ahora y en la hora de nuestra muerte.

Amén.

Día festivo: 1 de mayo

Rezé hoy por ti

Rezé hoy por ti
y sé que Dios me escuchó.
Sentí su respuesta en mi corazón,
aunque Él no habló ninguna
palabra.

No pedí riqueza ni fama
(sabía que a ti no te importa)
¡Le pedí mandar tesoros de un
género diferente y perdurable!

Pedí también que se acerque a ti
de madrugada; que te conceda
salud y bendiciones y amistades
para compartir en el camino.

Pedí que te mande la felicidad
en todas las cosas grandes y
pequeñas. ¡Sobre todo pedí su
cuidado cariñoso!

La crucecita en mi bolsillo

Llevo una crucecita en mi bolsillo
un recuerdito sencillo por el hecho
que soy cristiano en todas partes.
Esta crucecita no es magia ni
un amuleto. Su significado no
es protegerme de todos los
peligros físicos. No es para
identificarme por el mundo.
Simplemente es un acuerdo
entre mi Salvador y yo.
Cuando meto la mano en mi bolsillo
para sacar dinero o llaves, la crucecita
está allí para recordarme del precio que
pagó Él por mí.
También me recuerda de dar gracias por
todas las bendiciones que recibo a diario y
como debo servirle mejor en todo lo que
hago y digo.
La crucecita es un recuerdito diario de
la paz y consuelo que comparto con
todos los que conocen a mi Señor.
Entonces llevo una crucecita en mi bolsillo,
recordando sólo que Jesucristo es el
Señor de mi vida si yo permito que Él lo sea.

Las Huellas

Una noche un hombre soñó que caminaba
por la playa en compañía del Señor.
Por su mente pasaban escenas de su vida
y en cada escena veía sus huellas y las del
Señor.

Cuando la última escena de su vida pasó ante él,
miró a las huellas y se dio cuenta que durante su
vida, muchas veces vio sus huellas solamente;
esto sucedió siempre y cuando se encontraba
sólo y triste.

Perturbado por esto le preguntó al Señor:
"Señor mío, cuando decidí seguirte
tú me prometiste estar siempre a mi lado,
pero he notado que cuando me encuentro
agobiado por los pesares de la vida, he visto
mis huellas solamente. ¿Por qué me abandonas
cuando más te necesito?"

El Señor contestó: "Hijo mío, mi querido hijo,
sabes que te quiero y que nunca te abandonaré
durante tus angustias y sufrimientos.
Las huellas que has visto fueron mías porque
te llevaba en mis brazos."

Autora: Margaret Fishback Powers © 1964

Oración de la Serenidad

Dios, concédeme el valor para cambiar las cosas que puedo, la serenidad de aceptar las que no puedo, y la sabiduría de saber la diferencia. Oh Dios, concédeme el valor para luchar por lo que pienso que es justo, aunque pienso que no hay esperanza.

El Credo de los Apóstoles

Creo en Dios, Padre todopoderoso, Creador del cielo y de la tierra.

Creo en Jesucristo, su único Hijo, nuestro Señor, que fue concebido por obra y gracia del Espíritu Santo, nació de santa María Virgen, padeció bajo el poder de Poncio Pilato, fue crucificado, muerto y sepultado, descendió a los infiernos, al tercer día resucitó de entre los muertos, subió a los cielos y está sentado a la derecha de Dios, Padre todopoderoso. Desde allí ha de venir a juzgar a vivos y muertos.

Creo en el Espíritu Santo, la santa Iglesia católica, la comunión de los santos, el perdón de los pecados, la resurrección de la carne, y la vida eterna. Amén.

Oración para los niños indefensos sin nacer

Padre celestial, en tu amor para nosotros, protégenos contra la maldad del diablo, los niñitos indefensos a quién has dado el don de vida.

Toca con misericordia los corazones de las mujeres que hoy no están pensando en la maternidad.

Ayúdalas a ver que el niñito que están llevando es hecho a tu imágen – así como de la de ellas – hecho para la vida eterna.

Quita su miedo y egoismo y dales corazones maternos de verdad para que ellas amen a sus bebitos y den a luz y que den todo lo que es necesario.

Pedimos esto por Jesucristo, nuestro Señor, que vive y reina contigo y el Espíritu Santo, un sólo Dios, por los siglos de los siglos. Amén.

Día festivo: 12 de diciembre

Oración del Policía a San Miguel Arcángel

San Miguel, comisario glorioso de la policía celestial, quién defendió con tanto éxito la Casa de Dios contra todos los indeseables, mira con ojos misericordios y profesionales a la policía terrenal.

Danos la fuerza de no perder la calma, de tener corazones valientes y también la habilidad para investigar y hacer juicios sabios.

Haznos el temor de los ladrones, el amigo de los niños y ciudadanos respetuosos de la ley, amables a los extranjeros, educados a los pesados, estrictos con los que no siguen la ley e insensibles a las tentaciones.

Tú sabes, San Miguel, por tus propias experiencias con el diablo que el estado de policía aquí en la tierra no siempre está uno contento; pero nos dan mucha inspiración tu sentido del deber que le dio gusto a Dios, tu habilidad de luchar que sorprendió al diablo y tu autocontrol.

Y cuando retiramos los bastones, inscríbenos en tu policía celestial, donde nos dará el mismo orgullo de guardar el trono de Dios como guardamos la ciudad de todo el pueblo. Amén.

Día festivo: 29 de septiembre.

Oración para un parto saludable

Oh San Gerardo, siervo amado de Jesucristo, imitador perfecto de tu humilde Salvador, e hijo fiel de la Madre de Dios, enciende en mi corazón la chispa del fuego celestial de caridad que brilló en tu corazón y que te hizo un ángel del amor.

Oh San Gerardo gloriosísimo, cuando fue acusado falsamente, sostuviste sin queja, como tu Maestro Divino, las calumnias de hombres malvados, has estado levantado por Dios como patrón y protector de las mujeres embarazadas.

Protégeme del peligro y de los dolores excesivos que acompañan el parto, y ampara el niño que llevo a dentro, que dé a luz y que reciba mi niño el agua purificada del bautizo por Jesucristo nuestro Señor. Amén.

(Se reza nueve Ave Marías)

Día festivo: 16 de octubre

Oración del Conductor de Coche

Concédeme, Oh Señor, la mano firme y el ojo atento.

Que no haga daño a nadie cuando maneje yo.

Tú diste la vida; rezo que ninguna acción mía quite la vida o hacer daño de este don tuyo.

Ampara aquellos, querido Señor, que me acompañan en el coche, de todos los accidentes y calumnias.

Enséñame a manejar para ayudar a la gente; y también que nunca pierda la belleza del mundo por velocidad excesiva.

Con alegría y cortesía manejo,

Oh San Cristóbal, santo patrón de conductores, protégeme y dirígeme seguro a mi destino.

Oración a Santa Ana

Oh Dios, tú diste a Santa Ana tanta gracia que fue encontrada digna de ser la madre de María, quién dio a luz tu único Hijo.

Concéde que seamos auxiliados por su intercesión.

(Haz tu petición aquí)

Oración a Santa Bárbara, Virgen y Mártir

Santa Barbara, entregada a Jesús, sufrió martirio en el año 235 o 238. Nadie sabe dónde murió. Su historia nos dice que su padre fue un pagano rico llamado Dioscorus. Cuando Bárbara profesó su fe, ella y Santa Juliana sufrieron martirio juntas.

Oh Dios, entre los milagros de tu poder, tú has dado a Bárbara, siempre virgen, la victoria del martirio. Concede, por favor, que nos acerquemos más a ella durante su día festivo. Amén.

Día festivo: 4 de diciembre

Oración a Santa Lucía

Oh Dios, creador y redentor, escúchanos con piedad para que adoremos a tu sierva, Santa Lucía, por la luz de fe que diste a ella. Tú prometes ampliar y conservar esta misma luz en nuestras almas, para que podamos evitar la maldad, hacer la bondad y detestar la ceguera y obscuridad del mal y del pecado.

Confiando en tu bondad, Oh Dios, pedimos humildemente, por la intercesión de tu sierva, Santa Lucía, que nos des la visión perfecta para que te sirvamos en honor y gloria, y también para la salvación de nuestras almas en este mundo. Que vengamos al gusto de la luz constante del Cordero de Dios en el paraíso.

Santa Lucía, virgen y mártir, eschucha nuestras súplicas y peticiones.

Día festivo: 13 de diciembre

Oración a Santa Rita

Oh Dios, quién le dio tanta gracia a Santa Rita que ella imitó tu ejemplo en el amor a los enemigos y sostuvo en su corazón las muestras sagradas de tu amor y pasión: concede, te suplicamos, por sus méritos e intercesión, que amemos a nuestros enemigos y que contemplemos con una contrición profunda los dolores de tu pasión: que vives y reinas por los siglos de siglos. Amén.

Con indulgencia plenaria si se reza la oración diariamente por un mes.

Día festivo: 22 de mayo

Oración del Bombero

Dios todopoderoso, protector de todos, tu fuerza, poder y sabiduría son fuentes de luz para todos:

Que des consejos especiales a los bomberos para que seamos protegidos de cualquier daño mientras que estamos cumpliendo con nuestro deber.

Ayúdame con tu cuidado cariñoso mientras trabajo para salvar las vidas y los bienes de todas las personas, jóvenes y ancianos.

Dame el valor y la habilidad de estar alerta para proteger a mi prójimo y todos con los que estoy obligado a ayudar cuando se involucren en un accidente o fuego. Amén.

Oración a San Pío

Oh Jesús, lleno de gracia y misericordia, víctima para los pecadores, impulsado por el amor que tienes por nosotros quisiste morir en la cruz, te pido glorificar en el cielo y en la tierra a tu siervo, el Padre Pío de Pietrelcina, quién participó generosamente en tus sufrimientos y también quién te amó tanto y trabajó fielmente para la gloria del Padre celestial y la bondad de las almas.

Con confianza, te suplico concederme, por tu intercesión, la gracia de…que deseo ardientemente.

Tres veces: Gloria al Padre…
Imprimatur: Manfredonia, 3 de diciembre de 1971
† Arzobispo Valentino Vailati

Oración a San Benedicto

Dios Padre, que hiciste a San Benedicto un gran maestro para enseñar a los hombres y mujeres como vivir en tu servicio.

Concede que, prefiriendo tu amor sobre todo, andemos en el camino de tus mandamientos.

Por Jesucristo nuestro Señor. Amén.

Día festivo: 11 de julio

Oración de la Enfermera

Oh Dios mío, enséñame a recibir a los enfermos en tu nombre, y que mis esfuerzos tengan éxito por la gloria de tu santo nombre.

Es tu obra; y sin tí no puedo tener éxito.

Concédeme que los enfermos que están a mi cuidado sean bendecidos, y que ninguno de ellos sean perdidos por parte de algún descuido mío.

Ayúdame a vencer todos las flaquezas temporales, fortaleze en mí cualquier cosa necesaria, y que lleve alegría a aquellos de quiénes sirvo.

Dame la gracia por el bien de los enfermos y también de las personas que dependen de ellos.

Amén.

Oración del Maestro

Quiero enseñar a mis alumnos cómo vivir esta vida en la tierra, enfrentar sus dificultades y su pena y mejorar su valor.

No simplemente una lección en un libro

O cómo corren los ríos,

Sino cómo se puede elegir el camino justo dondequiera que vayan.

Comprender la verdad eterna

y saber lo correcto de lo malo

y juntar toda la belleza de

un flor y una melodía.

Si ayudo al mundo para crecer

en madurez y gracia

entonces sentiré que he ganado

y he llenado mi lugar.

Entonces, Dios, pido tu consejo para que yo haga mi parte para formar el cáracter y confianza y alegría del corazón.

Oración de Alivios antes de dormir

Señor Jesús, por medio del Espíritu Santo, regrésate en mi memoria cuando me duerma.

Cada daño que he recibido, cúrame.

Cada daño que he causado en otras personas, cúralas.

Todas las relaciones que han estado dañadas en toda mi vida en que no estoy consciente, cúralas.

Pues, Señor, si hay algo que necesito hacer,

Si necesito ir a una persona porque él o ella sufre todavía de mi mano, dímelo. Elijo perdonar, y pido de ser perdonado.

Quita cualquier amargura que esté en mi corazón, Señor,

y llena los lugares vacíos con tu amor. Amén.